ESSAI

SUR

LES USURPATIONS.

Imprimerie de BEAU, à Saint-Germain-en-Laye, rue au Pain, 64.

ESSAI

SUR

LES USURPATIONS,

PAR M. LE B^{on} DE S.... DE B......

USURPER. S'emparer par violence ou par ruse d'un bien, d'une dignité, d'un Etat qui appartient à un autre.

Dictionnaire de l'Académie, art. USURPER.

PARIS,

GIRAUD, LIBRAIRE-ÉDITEUR,
Rue Guénégaud, 24,

JEANNE, LIBRAIRE,
Passage Choiseul, 68.

1849

A MM. LES ÉLECTEURS

DU Dʳ DE SEINE-ET-OISE,

MESSIEURS,

En vous dédiant ce petit Ecrit, je crois rendre hommage à ce Suffrage universel, destiné à remplacer en France ces grands Parlements de la Nation, rassemblés lors-

qu'elle voulait faire entendre sa voix sou-
veraine. Cette voix, Messieurs, a déjà, le
10 Décembre dernier, proscrit le désordre par plus de cinq millions de suffrages,
elle vous appelle aujourd'hui à fonder
l'ordre, en confiant des mandats impé-
ratifs à ceux que vous allez choisir pour
vous représenter : c'est là qu'est la véritable
difficulté, Messieurs.

Personne, parmi vous, n'ignore que
l'ordre ne se fonde que sur un principe;
il ne naît pas spontanément, et les catastrophes de notre Histoire, les crises
par lesquelles nous avons passé depuis
soixante ans, n'ont que trop démontré
la profonde perturbation qu'apportent,
dans les Etats, les révolutions féodales ou
populaires. La constitution d'un pays ne
se change pas sans altérer les instincts, les
habitudes, les mœurs de ses habitants, et
dans l'espace d'un demi-siècle les Français

ont subi de telles et de si fréquentes trans-
formations que chacun sent combien il serait impossible aujourd'hui de rétablir
l'ordre dans les conditions qui le régis-
saient autrefois ; mais si les formes doivent
être changées, la base, le principe ne peuvent l'être sans danger ; car c'est ce principe qui protége toute société civilisée,
depuis la famille jusqu'aux empires ; ce
principe n'est autre que l'unité, l'hérédité,
la légitimité du Pouvoir.

Cette thèse, Messieurs , a déjà été soutenue si victorieusement par des hommes
plus éloquents que je ne le suis , que
j'ai la persuasion qu'elle vous est suffisamment démontrée à vous-mêmes ; je ne
la poursuivrai donc pas : ce que je crois
devoir ajouter en ma qualité de votre col-
lègue, c'est que, pour appliquer ce système de rétablissement de l'ordre sur un

principe, il ne faut confier votre mandat qu'à des hommes imbus de ce même principe, et surtout étrangers, le plus possible, aux derniers gouvernements qui s'en étaient tant éloignés. Pour de nouvelles combinaisons, il est nécessaire d'employer des hommes nouveaux et jeunes, tenant au sol par leur fortune, à la religion par leurs sentiments, à l'ordre enfin par leurs intérêts : éloignez ces avocats brouillons, bavards et tracassiers qui font de la tribune une arène, où ils déchaînent toutes les mauvaises passions; ces médecins sceptiques et impies, dont la main blesse plus qu'elle ne guérit ; ces administrateurs passionnés, classant leurs administrés en ilotes et en suspects ; méfiez-vous encore des poètes, Platon les bannissait avec raison de sa République, et quelques-uns d'entre eux nous ont prouvé que leur imagination vagabonde ne cherche souvent, dans le bouleversement d'un Etat, qu'un chapitre de plus à ajouter au roman de leur vie aventureuse.

Sans doute, Messieurs, nous devons chercher dans nos mandataires les talents et l'expérience d'hommes d'Etat; mais il en est de ces talents, de cette expérience, comme de ceux que nous avons vus et admirés dans nos précédentes commotions politiques, chez nos guerriers, chez nos législateurs; ils se développent dans les camps, dans les assemblées délibérantes : la France ne manquera jamais d'hommes, mais elle a surtout besoin d'en trouver qui correspondent à sa nouvelle situation.

Cherchons-les donc avec soin, Messieurs, admettons-les dès que nous serons certains qu'ils sont propres à reconstruire ce qu'on a passé tant d'années à renverser; nous n'avons que trop de ruines, et la

France, impatiente d'en sortir, rendra grâce à ceux qui retrouveront dans ses débris, et dans ses modernes matériaux, les éléments du majestueux édifice de sa prospérité et de sa gloire.

Veuillez agréer, Messieurs, l'assurance de ma haute considération.

DE SELLE DE BEAUCHAMP.

Saint-Germain-en-Laye, 12 avril 1849.

AVANT - PROPOS DE 1849.

J'écrivais cet Essai en février 1847 ; quelques difficultés indépendantes de ma volonté m'empêchèrent de le livrer à l'impression ; bien que dirigé alors contre l'usurpation, il me semble qu'il reste encore dans cet écrit quelques vérités qui appartiennent à tous les temps et qui peuvent avoir leur opportunité. En effet, si Février 1848 a vengé Juillet 1830, si l'usurpation a succombé sous les pavés sur lesquels elle s'était élevée, n'était-il pas juste que la force brutale vînt réclamer sa part d'une proie que lui avait enlevée la fraude. Donc le renversement de cette monarchie bâtarde, de ce règne prolongé par l'hypocrisie et la corruption ne peut être considéré comme une nouvelle usurpation ; la nation rentre ici dans ses droits, sauf à elle à les exercer en émettant son vœu dans ses comices généraux par le suffrage universel. La véritable usurpation fut celle de ces tribuns improvisés qui lui imposèrent une forme de gouvernement sans daigner la consulter.

Depuis un an elle n'a pu que se soustraire aux diverses attaques des partis nés de l'usurpation et de l'anarchie ; dans quelques jours seulement elle va appeler de nouveaux mandataires. Si le pays attend beaucoup d'eux, l'Europe bouleversée, la postérité, leur juge, attendent encore davantage ; que la France s'émeuve donc et ne confie ses destinées qu'à des mains pures, qu'à des hommes nouveaux dégagés de tous les vieux levains du passé et seulement occupés de l'avenir ; il y va pour elle de son existence, car ces fréquents accès de fièvre révolutionnaire finiraient par user les ressorts du corps social déjà tant attaqués par les empiriques qui prétendent à sa guérison ; c'est à elle qu'il appartient de donner au monde l'exemple d'un retour sincère aux principes de l'ordre troublé partout par les fanatiques prédicants sortis de son sein ; qu'après avoir puni l'usurpation elle proscrive aussi l'anarchie, c'est à cette condition que nous la verrons remonter au rang d'arbitre de l'Europe, encouragée comme autrefois à la prendre pour guide et pour modèle.

AVANT-PROPOS DE 1847.

Saint-Germain-en-Laye, 17 février 1847.

Je ne suis point un littérateur, tant s'en faut, et je n'ai pas la prétention d'acquérir ce titre par cet opuscule ; mais je suis un bon citoyen qui ai lu avec attention l'histoire de mon pays, qui depuis plus de soixante ans assiste comme témoin, souvent intéressé, aux convulsions qui agitent la France. Tour à tour soldat, administrateur, chef de famille, j'ai pu étudier de près les phases du mal profond qui l'afflige. Parvenu aujourd'hui aux bornes d'une vie toute consacrée à son service, je ne m'en vois pas moins, grâce à nos lois morales et conséquentes qui mesurent la capacité avec le mètre d'argent, rangé dans la catégorie des ilotes politiques, indignes de contribuer par leur avis et leur vote au salut du pays ; donc privé de ce moyen de me faire entendre, et jaloux cependant d'exercer comme un autre la portion de souveraineté que m'a octroyée 1830, je suis bien forcé de prendre la plume et de recourir à l'article de la Charte qui garantit à tout Français la publicité de son opinion ; or la mienne étant que le beau royaume de France, sorti en 1789 de son état normal de santé, n'a rien gagné à appeler à son aide tant de divers médecins qui n'ont fait que changer son régime sans remédier à ses maux ; que les derniers surtout, entre les mains desquels il s'est remis depuis 1830, l'anéantissent par les débilitants et les narcotiques, je crois qu'il est du devoir de tout ami de la patrie d'élever la voix pour chercher à réveiller ses concitoyens de cette honteuse torpeur, de cette atonie compromettante. Je sais que des écrivains, sans doute plus éloquents que moi, l'ont vainement tenté, aussi ne me flatté-je pas d'y réussir ; faudra - t - il donc que le fatal *Mane, Thecel, Phares*, vienne arracher à leur ivresse les convives du festin de Balthasar !

ESSAI

SUR

LES USURPATIONS.

La Monarchie française dut prendre, et prit en effet, à sa naissance, les formes d'élection usitées dans les provinces de l'Empire Romain qui lui étaient échues par droit de conquête. Les armées romaines donnaient et retiraient tour à tour la pourpre impériale à leurs chefs, qui montaient au trône ou tombaient sous le glaive des prétoriens. A leur exemple, les premiers rois des Francs furent choisis parmi les chefs des armées, élevés sur le pavois, revêtus de la puissance suprême; mais s'ils avaient mal usé ou prétendaient abuser de ce pouvoir, ils se voyaient bientôt confinés dans des cloîtres par ces assemblées, appelées *Parlement*, composées de leurs *Pairs*, c'est-à-dire de tous ces chefs qui avaient partagé avec eux le commandement d'une nation toute guerrière.

Il est donc exact de dire que sous la première race, le nom de roi n'était qu'un titre, significatif sans doute avec Clovis et ses fils qui surent le faire respecter ; mais éclipsé sous ses derniers successeurs par celui de Maire du Palais, dont bientôt Martel et Pepin ne se contentèrent plus. Tous deux, importunés par l'ombre du pouvoir qui semblait planer sur leur tête, par cette hérédité qui pouvait à chaque instant les replonger dans l'obscurité , tendirent successivement à détruire dans le cœur des sujets tout sentiment de respect et de subordination pour le sang des souverains confiés à leur tutelle ; ils les renfermèrent dans leurs palais, au sein de la paresse et souvent de la débauche, tandis qu'eux-mêmes, toujours armés , toujours vainqueurs, ceignaient leur tête d'une auréole de gloire , qui préparait les peuples à la voir un jour parée du diadême des rois. Pepin enfin profita habilement de l'imbécillité de Childéric et de l'affection générale que lui avaient conciliée ses victoires, pour faire déposer, dans une assemblée des États, ce prince méprisé des Français et des étrangers; il fallut pourtant encore que le Pape, regardé alors comme ayant seul le droit de délier les nœuds sacrés du serment, prononçât en dernier ressort entre les deux concurrents; et son intérêt lui parlant en faveur du guerrier dont il attendait secours contre les Lombards, son jugement plaça Pepin sur le trône, et Childéric dans un cloître, dont sa faiblesse et son apathie ne le firent paraitre que trop digne.

Ainsi finit la première dynastie, et l'on ne peut guère réclamer ici contre une usurpation dont la cause et les effets font trop reconnaître la nécessité. D'ailleurs, nous sommes convenus plus haut que la royauté de ces temps reculés n'étant qu'une suprématie, souvent sans pouvoir effectif, résultant originairement d'une élection, présentait une faible barrière à l'ambition de vassaux bien souvent plus puissants que les titulaires de ce pouvoir.

Bien donc que ce passage de la première dynastie à la seconde puisse être considéré comme une usurpation, car il y a usurpation partout où il y a illégitimité, celle-là du moins se présente sous un aspect moins odieux, eu égard à l'indignité des princes revêtus depuis plusieurs règnes de ce titre concédé originairement par leurs égaux : en effet, ces premiers rois des Francs, qui les avaient amenés et fait triompher dans les Gaules, qui leur avaient distribué les terres et les richesses des vaincus ; ces héros élevés sur le pavois, couronnés des lauriers cueillis par leurs mains, n'avaient plus pour successeurs que des princes dégénérés, sans talents, sans énergie, se vautrant dans une perpétuelle et sale débauche, abandonnant les soins du gouvernement à des officiers sortis comme eux des familles illustrées par la conquête; est-il étonnant que ces guerriers, las de servir sous d'imbéciles fantômes, aient profité de leurs avantages pour se glisser au pouvoir en caressant la faveur de leurs compagnons de travaux et de victoires ?

Nul n'était plus propre que Pepin à porter ce fardeau d'usurpation et à en faire disparaître la tache sous les palmes dont il était déjà couvert, et qu'il recueillit encore dans la suite; cependant ce n'est encore qu'à Charlemagne qu'appartient véritablement la gloire d'avoir lé-

gitimé sa maison. A la fois conquérant et législateur, ce prince a justement donné son
nom à sa dynastie et à son siècle ; mais, héritiers de sa double couronne, ses successeurs
ne le furent pas de son génie, et il avait préparé lui-même leur décadence par l'immense
étendue de son empire qui les obligea de le
diviser ; ce fut cette division qui amena natu-
rellement les malheurs de Louis, malheurs qui
se prolongèrent sous le règne de ses fils, for-
cés pour se faire des partisans de distribuer
aux grands vassaux les terres et les trésors con-
quis par leur aïeul. Bientôt leur mutuel désir
de se supplanter les porta à appeler au cœur
du royaume les hommes du Nord, ces pirates
redoutés dont les dévastations sans cesse re-
naissantes avaient déjà semé l'épouvante parmi
les populations voisines de la mer ; alors se
révéla l'influence de quelques-uns de ces grands
vassaux de la couronne, parmi lesquels se distinguait surtout la race des Capets, investie à
cette époque du comté de Paris et qui avait
fourni à reprises différentes deux souverains
(Eudes et Raoul) intercallés transitoirement dans
la maison régnante. L'espèce de naturalisation

étrangère que la famille carlovingienne avait contractée en ceignant la couronne impériale, lui avait aliéné l'affection des Français, et lorsque cette couronne leur fut enlevée, les enfants des empereurs perdirent avec elle cet éclat de puissance qui leur était si nécessaire pour se relever dans l'esprit des peuples : l'histoire se complaît pourtant, dans ces circonstances, à nous représenter l'accord et l'unanimité des ordres de l'État, se pressant autour du jeune *Louis d'Outremer* revenant de l'exil qu'un usurpateur lui avait imposé ; rappelé par le droit de sa naissance et par le véritable intérêt du pays, peut-être le jeune prince l'était-il encore davantage par les calculs ambitieux du plus puissant de ses vassaux, assez fort pour lui rendre la couronne, trop faible pour se l'adjuger à lui-même, mais qui ne la remettait aux mains du légitime possesseur que dans l'espoir de la ménager à sa postérité. En effet, tout le règne de Louis fut employé de la part de Hugues en conspirations sourdes, en révoltes ouvertes, qu'il se plaisait à faire naître et à fomenter à son gré, afin de se rendre tour à tour nécessaire ou redoutable : tantôt, à la tête des grands, il combattait son roi et le faisait prisonnier, car Louis payait de sa personne ; tantôt traitant avec lui, il provoquait sa délivrance, et se faisait un mérite de sa tardive intervention : aussi, lorsque Louis mourut d'un accident, Hugues était plus véritablement roi que lui, et s'il laissa transmettre la couronne à Lothaire, ce fut à l'adresse de la reine Gerberge que le jeune prince en fut redevable ; elle plaça son fils sous la tutelle du duc de France, et celui-ci n'osa encore décliner cet auguste emploi. Hugues le Blanc, ou le Grand, mourut donc sans avoir ceint le diadême ; mais il avait tellement préparé les voies de l'usurpation, qu'il suffit de la mort de Gerberge et de son fils, mort naturelle ou précipitée, pour y amener sa race. Il restait cependant un rejeton de la famille de Charlemagne dans la personne de Charles, duc de Lorraine ; mais ce frère de Lothaire s'était joint à l'empereur d'Allemagne Othon, lorsque ce dernier vint apporter la guerre jusque sur les hauteurs de Montmartre, et en combattant ainsi son frère, son suzerain et son pays, il avait encouru justement, sans doute, car il n'avait alors rien à prétendre en France, la haine des grands et l'animadversion des peuples.

Ce fut dans ces circonstances, en 988, qu'à défaut d'héritiers directs, *Hugues* surnommé *Capet* vint s'offrir à l'élection de ses pairs. Petit-fils de Robert, ce frère du roi Eudes, qui avait aussi prétendu au trône, allié à la famille royale d'Angleterre, parent des plus puissants vassaux de la couronne, puissant lui-même par l'étendue et la position de ses fiefs, illustré par ses faits d'armes et par ceux de ses ancêtres, il n'eut qu'à se présenter pour être élu, si même cette élection n'était pas assurée d'avance, antérieurement à la mort du dernier roi.

Ce changement de dynastie constitue-t-il une véritable usurpation? Nous répondrons : Oui, car l'histoire de ces temps ne prouve que trop que la conspiration contre la race carlovingienne remontait au règne de *Charles le Gros;* oui ! car l'usurpation eût été probablement couronnée plus tôt, si les rois Eudes et Raoul n'étaient pas morts sans enfants. Mais il faut ajouter ici que ces prémices rendent l'usurpation de Hugues bien plus excusable, puisque, héritier de ces rois, il n'avait plus au sceptre auquel il prétendait d'autres concurrents qu'un prince condamné pour félonie, et des pairs dont les droits étaient loin de valoir les siens.

Pour bien juger les changements de dynastie des deux premières races, il n'est pas hors de propos de jeter un coup d'œil sur ce qui constituait à cette époque la nation et la monarchie ; c'est par cet examen impartial qu'on arrive à distinguer les différences qui existent entre les usurpations de ces temps éloignés, et celles qui ont été tentées ou exécutées dans des circonstances plus rapprochées de nous.

Lors de l'entrée des Francs dans les Gaules, les conquérants demi-barbares ne virent dans les habitants policés des terres soumises aux lois romaines, que des esclaves trop heureux de n'être pas réduits à la plus dure servitude, et qu'ils pouvaient sans risque laisser jouir de quelques droits civils, se réservant à eux seuls ce qui dans leurs mœurs paraissait digne d'ambition, de savoir, les dignités et honneurs militaires, justes prix des dangers et de la gloire des combats : ce fut donc entre les Leudes, c'est-à-dire les fidèles, que se partagèrent les dépouilles des vaincus et les récompenses accordées par le souverain. Cependant ce souverain n'était qu'un des Leudes lui-même ; sa souveraineté ne tenait qu'à l'état constant de guerre, état qui nécessitait de la part de ses compagnons la soumission à ses ordres, soumission qu'ils lui eussent probablement déniée dans la paix et dans le repos. De ces mœurs essentiellement guerrières, de ces combats sans cesse renaissants, il dut résulter que la race gauloise, souvent incorporée dans les légions de Clovis et de ses fils, se trouva bientôt tellement épuisée qu'on n'en voit presque plus subsister de traces à la fin de la première dynastie, si ce n'est peut-être dans les cloîtres ou à l'abri des monastères, seul lieu de refuge où quelques vaincus trouvèrent un dernier asile.

Cependant les conquérants s'étaient partagé les terres d'abord viagèrement, et à titre d'*alleus* ; puis, construisant des castels, ils firent prolonger la jouissance et enfin déclarer l'hérédité à mesure que le roi, le comte ou le baron leur suzerain avait besoin de leur service ; autour de ces castels vinrent se grouper successivement les écuyers, les varlets, les hommes d'armes, tous ceux enfin qui sentaient la nécessité de se réunir afin de se prêter mutuellement aide et secours : il y avait loin sans doute de ces aggrégations sans consistance à un corps de nation , et cet état de choses se prolongea sans aucun changement notable bien au-delà de l'avénement de Hugues Capet au trône. Il serait donc absurde d'imaginer que tel ou tel changement de dynastie intéressât la nation , puisqu'il n'existait alors que de grandes fractions féodales dominées par une sommité militaire ou religieuse, et que c'était entre ces sommités que se passait le débat.

Il suit de ces explications que sous les deux premières races le fait et le tort de l'usurpation se trouvent d'une importance fort réduite, puisqu'il ne s'agit que de la perte d'un droit mal établi, mal cimenté et dont la conservation ne présentait un grand intérêt ni aux individus qui ne cherchaient appui et protection que près de leurs chefs immédiats, ni à ces chefs eux-mêmes souvent disposés à le méconnaître quand la force ne l'appuyait pas.

Il ne pouvait plus en être de même lorsque sous la troisième race les princes, avertis par les usurpations des deux premières, sentirent

combien il leur importait d'affaiblir l'influence
de ces grands vassaux qui menaçaient à chaque instant de leur ravir la couronne. On les
voit en conséquence constamment occupés à
restreindre cette organisation féodale , source
perpétuelle de querelles et de combats; de là
l'établissement des communes , la création des
magistratures royales au détriment des juridic-
tions féodales, la faveur accordée aux opéra-
tions industrielles , surtout l'appel devant le
suzerain de toutes les causes jugées autrefois
en dernier ressort par les seigneurs ou leurs
représentants. Tous ces moyens habilement employés minèrent peu à peu l'autorité des grands
vassaux au profit de la puissance royale qni
s'enrichissait de leurs dépouilles; Louis XI ,
ce prince éminemment politique, fut celui dont
le gouvernement fut le plus préjudiciable aux
grands feudataires qui , au commencement de
son règne , lui avaient fait éprouver toutes les
angoisses de la déchéance; aussi dès que la
mort l'eut débarrassé du plus fougueux de ses
antagonistes dans la personne de Charles-le-
Téméraire, tué en Lorraine en 1477, le roi
de France n'hésita – t - il pas à ruiner par la

force ou par la ruse tout ce qui restait de ces puissants seigneurs qui avaient eu le tort de le faire trembler sur son trône. Leur sang coula dans les combats ou sur les échafauds, leurs héritages furent confisqués ou distribués aux communes qui, bientôt émancipées, apportèrent un nouvel appui à l'autorité royale dont elles voulurent relever immédiatement, et qui ne demandait pas mieux que de les protéger contre leurs anciens possesseurs.

De cette époque seulement datent une société compacte à laquelle on peut donner le nom de nation, une constitution que l'on peut appeler monarchique ; sous le roi Jean, les États du royaume s'assemblaient presque tous les ans, et lorsqu'il s'agit de sa rançon il les convoqua en y adjoignant pour la première fois le Tiers-Etat, en nombre égal à chacun des deux autres. Certes elle méritait le nom de monarchie tempérée celle où l'autorité royale trouvait un tel contrepoids dans la distribution de la nation en trois corps indépendants l'un de l'autre, seule base d'une constitution durable ; car il est impossible, à notre gré, d'imaginer une société seulement composée d'individus, sans admettre en

même temps, soit l'anarchie, soit le despotisme.
Cette constitution nouvelle, en affaiblissant le
pouvoir des grands vassaux, était donc favo-
rable à l'autorité des rois, mais ne laissait
pourtant pas ceux-ci sans entraves ; on voit dans
l'histoire, la noblesse, le clergé, et jusqu'aux
princes du sang, se séparer du souverain, prendre parti dans les guerres civiles ou de religion, chacun selon son opinion et sa conscience,
sans que la volonté ou le bon plaisir du maître
apporte un poids dans la balance ; et si après
leur insuccès il arrive qu'un Montmorency, un
Cinq-Mars succombent, leur mort n'empêche
pas Condé de combattre, ni Gondy de former
des barricades. Le Tiers lui-même, ce repré-
sentant parvenu des serfs féodaux libérés de
la glèbe par les concessions des rois, s'arme à la suite des chefs révoltés contre le souverain, lui ouvre ou lui ferme à son gré les
portes des villes, et même de sa capitale, s'y
livre à tous les excès, à toutes les insultes, et
quand le jour de la justice arrive, le prince
offensé recule devant le châtiment à infliger à
des corporations fortes de leur adhérence, et
se voit forcé d'en appeler à des juges tirés la

plupart du tiers-ordre, entièrement indépendants des volontés de la cour.

C'est dans cette sodilarité des parties d'un même tout, dans l'impossibilité de frapper un membre sans attaquer tout un corps , que se trouvait la garantie des véritables libertés françaises , garantie qui se perdit aussitôt que tout fut nivelé et confondu : aussi voyons-nous surgir plusieurs tentatives d'usurpation depuis l'élévation de la troisième race; mais aucune ne réussit, parce que les trois corps de l'État, reconnaissant l'intérêt direct que chacun avait à maintenir sur le trône le protecteur né de son existence, de ses priviléges et surtout de ses libertés, se réunirent toujours pour écarter en définitive une illégitimité, ennemie naturelle de tout droit , de toute stabilité ; ainsi *Charles le Mauvais* sous Jean, *l'Anglais* sous Charles VI et Charles VII, les *Guise* sous François II et Henri III, l'*Espagnol* et le *Cardinal de Bourbon* sous Henri IV, n'obtinrent, à l'aide de nos discordes, que des succès éphémères, parce que la véritable nation fatiguée , après un certain temps d'épreuves, des excès de l'anarchie et du joug de l'étranger, finissait par se rallier avec enthousiasme dans le sein de la légitimité préservatrice.

Cependant, si la troisième race avait triomphé des usurpations féodales à l'aide des corps qu'elle avait formés, et surtout des communes qu'elle s'était ralliées, ce n'avait pas été sans combats et quelquefois sans défaites. Les grands vassaux, profitant de l'éloignement des souverains, alors qu'ils se croisaient pour la foi, de leurs querelles avec l'Anglais, l'Empire, ou même le Saint-Siége, avaient cherché à détruire cette prépondérance, et à se créer des partis dans le royaume : quelques-uns y avaient réussi ; mais, en se servant des masses contre le suzerain, la féodalité y avait aussi semé cet esprit de contrôle et d'insubordination qui devait un jour réagir contre elle-même. Les Flamands les premiers levèrent l'étendard de la révolte contre leurs seigneurs immédiats, et la soutinrent ensuite contre le Roi de France venant leur prêter son appui. La courte usurpation des deux Artevel, leurs premiers succès et leur chute apprirent à la multitude comment on se créait des chefs, et comment on les brisait. Là se remarque le premier anneau de cette chaîne de commotions et d'usurpations populaires qui, passant par la Jacquerie, les Maillotins, la Ligue et la Fronde, est venue aboutir par le philosophisme à la grande Révolution de 1789.

Mais nous n'en sommes pas encore là ; si la féodalité avait préparé l'accroissement du pouvoir royal en prétendant le restreindre, la royauté commit de son côté une faute bien plus grave, en abusant de ses moyens pour diminuer la force de ses principaux appuis, et pour les rendre, par cet affaiblissement, moins propres à la défendre contre l'envahissement des prétentions populaires. Le grand Roi, dans sa préoccupation de puissance et de majesté, brisa de sa propre main les plus fortes barrières qui protégeaient son trône, en appelant et retenant à sa cour les membres des deux premiers corps de l'Etat, dont il fit des courtisans et des favoris plus fiers de cette espèce de servitude que de la gloire de leurs ancêtres ; on les vit bientôt ambitionner, au lieu des dignités militaires ou sacerdotales, la faveur de porter une espèce de livrée domestique, ou de tenir le bougeoir traditionnel quand le souverain daignait le leur accorder. La noblesse accourut du fond des provinces où elle exerçait encore une grande influence, pour venir se ruiner dans les fêtes royales ; elle cessa de briller dans ses châteaux pour être éclipsée par le luxe qui régnait dans les palais. Le clergé abandonna ses ouailles pour venir solliciter des bénéfices, et la bourgeoisie hérita sans conteste de la considération qui n'avait appartenu jusqu'alors qu'aux actions d'éclat et à la prédication de la parole de Dieu.

Dans cet état de choses, il restait encore à ce beau siècle les victoires et les conquêtes du monarque, la valeur incontestable de cette noblesse qui, du sein des voluptés, ne courait pas moins se faire tuer pour son service ; le talent de ses généraux, l'illustration des lettres, et enfin l'éclat de cette cour qui semblait régner sur l'Europe, en la rendant sous tous les rapports sa tributaire. La mort d'un homme fit crouler en un moment ce majestueux échafaudage, et si la France pleura trop peu ce prince qui léguait son nom à son siècle, c'est qu'elle ne savait pas que Louis, en descendant dans les caveaux de Saint-Denis, y entraînait avec lui toutes ses gloires.

Ce fut à la suite de ce règne, le plus brillant dont aucun peuple sur la terre ait jamais paré ses annales, que du sein de cette société amollie par le luxe et les jouissances de l'extrême civilisation, il s'éleva tout à coup un esprit de système et d'innovation ennemi de toute dépendance humaine ou divine, qui, à l'aide d'un prince destiné par son rang à le combattre, s'infiltrant dans les veines du corps social, y porta un venin dissolvant de tout ordre et de toute moralité. Ce prince était Philippe d'Orléans, neveu du grand Roi, régent du royaume, dont il avait déjà violé une des lois en se faisant conférer par le Parlement la régence, contre la volonté de son oncle, exprimée dans son testament ; la corruption et la menace lui avaient procuré ce triomphe, et cette magistrature, héritière de nos premières assemblées d'Etat, ce Parlement, rebelle sous Mazarin, soumis, mais non avili sous Louis-le-Grand, ce corps dont les membres offraient en grande majorité l'exemple des vertus privées et de famille, ce corps, dis-je, ne fut plus que le servile instrument des volontés d'un *Philippe* et d'un *Dubois*. En ces deux hommes se résume toute leur époque ; tandis que le prince tenait, dans son palais, école d'impiété, de libertinage et de vices ; qu'il déversait largement sur tout ce qui l'approchait le mépris qui s'attachait à sa personne, son ministre vendait à l'étranger les flottes, les arsenaux, l'honneur de la France ; il n'y a donc nul doute que le protecteur d'un Dubois, le patron des *roués*, n'ait, par sa courte mais influente administration, détruit le prestige attaché à la royauté, et ne doive être accusé d'avoir introduit dans la société le poison du philosophisme, de l'impiété, de la licence, qui déborda bientôt de toutes parts , et devait la conduire à une décomposition totale.

Ici, nous ferons remarquer que Philippe, ce fanfaron de crimes, ainsi que l'appelait Louis, ne voulut pas usurper la couronne d'un faible enfant confié à sa tutelle ; ses contemporains, qui l'avaient accusé de tant d'empoisonnements destinés à le rapprocher du trône, virent avec surprise cette espèce d'abnégation du pouvoir, dont il pouvait doter sa race. Il est vrai que pour cela il fallait procéder par un crime , et l'on peut croire que cette âme flétrie par de crapuleuses passions, n'eut pas le funeste courage de le commettre, et d'en assumer publiquement la responsabilité. Ce crime, on peut dire pourtant qu'il le commit en expectative, car le pernicieux exemple de sa vie prépara les dernières années du règne de Louis XV, auquel il livra tous les ordres de l'Etat, infectés du germe des révolutions qui, développées sous ce prince, devaient nécessairement éclater sous son faible et malheureux successeur.

Admirons cependant cette force de connexion qui liait ensemble tous les éléments de notre antique constitution monarchique, constitution, non pas résultant d'un pacte écrit et improvisé au jour le jour, et de lois formulées en plus ou moins d'articles variables et interprétables à volonté, suivant les besoins du moment, mais constitution fondée sur l'observation successive des mœurs et des vœux de la nation, exprimés par les trois ordres qui la composaient et qui étaient ses véritables organes : cette constitution, dis-je, il fallut le long espace de temps qui forma la durée des règnes de Louis XV et de Louis XVI, pour en disjoindre les parties et en altérer les ressorts ; peut-être encore aurait-elle résisté aux attaques des agents de discorde et de corruption , s'ils n'eussent trouvé des complices de leur œuvre dans ces corps même de l'Etat, principaux appuis de la royauté, et qui une fois dissous la laissèrent isolée contre la crise révolutionnaire.

Cette crise s'annonça dans les dernières années du règne de Louis XVI par une agitation extrême dans les esprits, par une foule d'écrits prêchant la discorde et l'insurrection , par l'abandon de tout sujet de discussion littéraire ou scientifique, pour ne se livrer qu'à l'examen des affaires de l'Etat, et surtout au blâme de tout ce qui émanait de l'autorité ; ces prémices n'étaient que trop soutenus par une tentative d'usurpation méditée depuis longtemps et favorisée d'un côté par cette foule de mauvais sujets ambitieux, reste des roués de la régence, qui désiraient un nouveau règne ; de l'autre, par ces fanatiques de liberté et d'indépendance qui espéraient profiter des troubles publics pour substituer à la monarchie un gouvernement semblable à celui de l'Amérique qui venait de s'émanciper. Philippe d'Orléans, héritier de tous les vices de son aïeul sans avoir aucune de ses qualités, taré dans l'opinion publique pour son avarice et sa lâcheté, mécontent de la cour qui le méprisait, du roi, dont la vertu, quelque peu sauvage, ne lui épargnait ni les remontrances ni, au besoin, les exils ; de Marie-Antoinette, dont il avait recherché les bontés, mais dont la majestueuse dignité l'avait rejeté comme femme et comme reine loin de son intimité ; Philippe, dis-je, avait rêvé l'usurpation du trône de France, et pour y parvenir employait tous les moyens de séduction et de corruption près des individus et des masses. Mais ici il ne s'agissait plus d'une de ces usurpations féodales, comme aux temps de Charles de Navarre, de Lancastre et des Guise, où l'usurpateur se servait du peuple en le payant et l'abandonnant en cas de revers aux bourreaux ; ce fut cette fois le peuple qui, sous la direction de ses habiles tribuns, reçut l'or de l'usurpateur, et, après l'avoir aidé à briser ce trône sur lequel il voulait s'asseoir, à conduire à l'échafaud son parent, son bienfaiteur et son roi, l'y traîna à son tour lui-même : exemple mémorable de l'issue des commotions populaires, qui a été et sera perdu pour tous les ambitieux présents et futurs.

Il fallait que Philippe fût bien aveuglé par son

ambition et son désir de vengeance, pour ne pas voir que le temps des usurpations féodales était passé. J'entends par usurpations féodales celles où le prétendant au trône ne s'aide pour y parvenir que dés moyens qui lui sont propres, c'est-à-dire s'enveloppe de ses vertus et de sa valeur, et profite des besoins des peuples qui l'appellent à remplacer une race déchue par une suite de méfaits, surtout pour les avoir déshérités de cette somme de bonheur et de gloire à laquelle les sujets ont droit de prétendre pour prix de leur obéissance. Philippe devait savoir qu'il ne se trouvait dans aucune de ces conditions. Depuis longtemps les philosophes et les idéologues proclamaient hautement la souveraineté du peuple, et il était évident qu'il ne s'agissait plus pour les promoteurs de révolutions que d'une usurpation populaire, c'est-à-dire de celle où la multitude, ne sachant que faire du pouvoir qu'elle ne peut exercer en masse, le délègue momentanément à un mannequin, tels qu'un Artevel, un Mazaniello et autres, pour l'élever ou le briser à son gré. C'est ce qui fait que ce mot de souveraineté du peuple, qui flatte tant les masses, n'est tout bonnement qu'une absurdité ; car, obligées qu'elles sont de déléguer le pouvoir, sous quelque dénomination que ce soit, il arrive de deux choses l'une : ou leur délégué, grâce à la force ou à la corruption , parvient à s'y perpétuer et à les asservir, et dans ce cas c'est le despotisme ; ou bien, par une réaction violente, elles brisent leurs fers et le tyran, et alors elles tombent dans l'anarchie, d'où le despotisme sort encore.

C'est ce qui est arrivé continuellement à la France depuis 1789. Il était évident qu'il n'y avait plus de monarchie du jour où les Etats-Généraux, convoqués selon les anciennes constitutions du royaume, se déclaraient Assemblée nationale constituante, mentant ainsi aux délégations de ses commettants , absorbant en elle seule les pouvoirs confiés séparément aux trois ordres , et appelant à son aide, pour détruire l'antique édifice , les passions populaires que, plus tard, elle ne fut plus maîtresse de réprimer. Si le Genevois Necker n'eût pas forcé la main au débonnaire Louis XVI en lui faisant approuver la double représentation du Tiers, il est probable que la déclaration du roi du 23 juin, quoiqu'altérant déjà profondément la constitution monarchique, eût satisfait aux exigences momentanées de l'opinion ; mais probablement aussi ce n'eût été qu'un temps d'arrêt, comme il n'arrive que trop souvent à la suite des concessions, ainsi que l'expérience l'a prouvé.

L'usurpation d'un des ordres de l'Etat fut bientôt suivie de l'envahissement de la plus infime populace. Lorsqu'on a été témoin de ces saturnales, on ne s'étonne pas que les premiers instigateurs de la Révolution aient été compris dans les proscriptions qui la suivirent. L'histoire des révolutions est et sera toujours la même ; rarement ceux qui les commencent sont appelés à les voir finir, et la Providence les montre vaincment au monde, qui ne profite jamais de ces terribles leçons.

Tout n'était cependant pas perdu encore ; trois provinces de France, le Poitou, la Normandie et la Bretagne, avaient conservé, malgré l'entraînement général, ce respect séculaire voué à la foi des aïeux et à la majesté des rois. Ces provinces, jadis liées à la France par des traités, jouissaient sous l'autorité royale de libertés et de droits qu'elles avaient su quelquefois défendre contre les empiètements du Gouvernement ; leur

résistance opiniâtre aux nivellements révolutionnaires offre une des dernières pages de l'histoire de notre ancienne constitution, et leur pro-
testation énergique, écrite de leur sang, atteste
pour la dernière fois cet esprit vraiment national qui distinguait notre belle patrie. C'est au
milieu de nos guerres civiles et des premières
guerres de la coalition, qu'éclate encore ce
courage brillant qui nous faisait admirer de
l'Europe. Républicains, émigrés, Vendéens pouvaient encore se glorifier d'être Français. Bientôt, les excès de l'anarchie amenèrent la terreur,
et la terreur la lassitude ; la désorganisation fut
à son comble, et l'on dut prévoir l'intervention
nécessaire du sabre ; ce fut alors qu'il se trouva
un homme qui, revêtu, comme l'avaient été Martel et Pépin, d'une auréole de gloire, joignant à
une juste appréciation de ses propres moyens la
volonté de les appliquer à faire sortir ce peuple,
abandonné à lui-même, du désordre et de l'a-
narchie ; ne trouvant dans l'un des plateaux de
la balance où se pesaient ses destinées, que l'in-
capacité et l'immoralité de ses chefs, vint mettre
audacieusement dans l'autre sa pesante épée, et
commençant, ainsi que Camille, par se faire

dictateur, n'abdiqua pas ensuite comme lui,
mais porté par la circonstance et son ambition,
fonda, ou crut fonder du moins sa dynastie, à
l'instar de Charlemagne.

C'est sans doute un des épisodes les plus extra-
ordinaires du temps de nos révolutions, que cette
occupation du trône par Napoléon Buonaparte,
occupation qu'on hésiterait presque à qualifier
d'usurpation, si ce n'est à son retour de l'île
d'Elbe, pour lequel ses partisans ont essayé de
faire valoir des circonstances atténuantes, telles
que le ressentiment de la défaite, l'horreur de
l'étranger, et peut-être même la complicité de
l'Angleterre, toujours prête à susciter parmi
nous les discordes civiles. Quant à sa première
exaltation à l'Empire, on a dit avec justice
qu'il n'avait détrôné que l'anarchie ; en effet, il
trouvait la nation décimée, le sceptre brisé,
la religion proscrite ; sa puissante main releva
les autels, ramena le règne des lois, fit triompher la France sur vingt champs de bataille, et
ressaisissant le sceptre des Francs, s'il usurpa le
trône qu'il avait reconstruit à ses risques et pé-
rils, du moins il sut en rehausser l'éclat pres-
qu'à l'égal de Charlemagne. Sans doute il eût

agi plus justement, peut-être plus avantageuse-
ment pour sa gloire, en le rendant en cet état
à son légitime possesseur, et l'on put croire un
moment qu'il allait couronner sa carrière par
ce trait, qui assurait le bonheur de son pays,
et illustrait à jamais sa mémoire.

Mais on dut renoncer à cette illusion, lorsqu'après le meurtre inqualifiable du malheureux duc d'Enghien, on le vit promener l'usurpation sur tous les trônes de l'Europe. De quel
droit allait-il, destituant les souverains comme ses
préfets, imposer le fardeau de sa famille à des
peuples qui n'en voulaient pas, et dont il prétendait, a son gré, changer le gouvernement et les
mœurs? Du droit du plus fort, me dira-t-on.
Eh bien! que lui-même et ses partisans cessent
de se plaindre de sa chute opérée par le même
droit qu'il avait si souvent invoqué contre les
autres. Toutes les fois qu'on part d'un principe
faux et injuste pour créer une circonstance qui
vous est avantageuse, on est ensuite mal venu à
arguer de la fausseté et de l'injustice de ce même
principe, lorsque le hasard en fait tourner la conséquence à votre désavantage : c'est ce qui arrive
à presque tous les usurpateurs, qui, après avoir

méconnu et anéanti le droit d'autrui, voudraient à leur tour faire reconnaître et respecter celui dont souvent la force et la violence seules les ont mis en possession.

Cette préoccupation de rendre sa dynastie une des plus anciennes de l'Europe, en les renouvelant toutes, empêcha Napoléon de terminer une œuvre bien plus importante, celle de reconstruire des classes dans cette société si mélangée par la Révolution : cela eût été facile au commencement de son règne ; le nivellement commencé en 89 n'avait pas encore pénétré dans les mœurs. Les distinctions sociales existaient encore dans les provinces éloignées de la capitale, et l'exemple de sa cour aurait aisément rétabli la hiérarchie des rangs, seule base de la stabilité du pouvoir. L'Empereur, tout occupé de ses campagnes brillantes, voulut peupler sa cour de souverains, et lorsqu'il les tenait ainsi dans l'humilité de sujets, il ne songeait pas qu'il détruisait d'autant le prestige de la royauté et la considération de tout ce qui l'approche ; ainsi s'infiltra bientôt dans les masses cet esprit d'ambitieuse égalité qui s'accrut de jour en jour à l'aspect des fortunes improvisées de l'Empire. Deux provinces, cependant, restaient encore pures de cette contagion révolutionnaire ; le Poitou et la Bretagne avaient conservé jusqu'à la Restauration leur respect pour les vieilles traditions ; on y retrouvait toujours vivace l'esprit royaliste et religieux, pour le maintien duquel une partie de leur population avait péri sous le glaive républicain ; Buonaparte, au milieu de ses triomphes, n'avait pu parvenir à se rallier ces peuples dévoués aux antiques institutions, et les ombres de leurs chefs et de leurs martyrs semblaient devoir se placer encore longtemps entre l'usurpation et la fidélité. Il fallut, plus tard, que la légitimité elle-même vînt, par de perfides agents, introduire la corruption là où la force avait échoué.

Examinons maintenant dans quelles conditions se trouvait la France lorsque la catastrophe de l'Empire ramena sur le trône, si longtemps veuf de ses possesseurs légitimes, les princes de la maison de Bourbon. Buonaparte, homme essentiellement positif, et, par conséquent, ennemi de toutes ces combinaisons gouvernementales qu'il appelait de l'idéologie, avait fort bien conçu que ce n'est pas avec des individualités qu'on reconstruit l'édifice social ; son but constant fut donc de rapprocher

le plus possible les éléments de l'ancienne monarchie, en y mêlant les nouveaux matériaux dont il
s'était servi pour établir son empire : il voulut
une cour, une aristocratie nobiliaire, une aristocratie cléricale; mais forcé dans les commence-
ments de ménager jusqu'à un certain point les
idées républicaines, il conserva une ombre de
gouvernement représentatif dans ses deux chambres imitées de la constitution anglaise, avec cette
importante restriction, qu'il rendit muette celle
dont la voix pouvait avoir un certain retentisse-
ment dans le pays. On doute peu que son inten-
tion n'eût été de se délivrer, dans un temps donné, de ces entraves; mais sa condition d'illégitime,
qui le forçait à guerroyer pour assurer sa dynastie, l'éloignait toujours de son but monarchique,
en le reportant, malgré lui, au milieu de la
propagande libérale dont il se faisait une arme
pour troubler les souverains sur leurs trônes.
Aussi, quand l'Europe et les éléments se réunirent
contre lui, éprouva-t-il l'effet de la réaction qu'il
avait voulu favoriser chez les autres ; la chambre
muette éleva une voix devenue hostile, et, forcé
d'en revenir aux formes républicaines qu'il avait
longtemps dédaignées, il trouva au champ de

mai autant de tribuns que de courtisans, et autour de son palais vinrent hurler les fédérés de 93, mal contenus par ses fidèles prétoriens. L'abandon de ses anoblis, l'ingratitude de ses généraux, l'indifférence du peuple prouvèrent suffisamment que l'esprit de la Révolution vivait encore, bien que combattu pendant et par quinze années de gloire et d'absolutisme illégitime ; je dis illégitime, parce que la seule condition de legitimité eût, à cette époque, changé la face des choses ; le nom d'usurpateur que ne lui avait que trop confirmé le meurtre du duc d'Enghien, fut alors le cri de ralliement de tous les ennemis de son pouvoir ; ils formèrent des associations qui se recrutèrent dans tous les rangs de la société ; ils se réunirent dans les villes, dans les campagnes, jusque dans ses armées, et le complot de Mallet prouva qu'il fallait peu de chose pour renverser ce colosse dont les pieds ne reposaient pas sur la base de la légitimité.

Que si l'on m'objecte que la légitimité n'est pas une garantie suffisante contre les chutes, ainsi qu'il résulte d'un exemple récent, je répondrai qu'il ne m'est jamais entré dans l'esprit de le prétendre, et l'histoire me donnerait plus d'un démenti ; mais ce que je prétends, c'est que la légitimité double la force, toujours nécessaire dans les temps de crise, et que la légitimité seule fit triompher Henri IV des répugnances de Paris, et des prétentions de la cour de Rome soutenue par l'étranger ; malheureusement nos cinquante années de révolutions ont porté leur fruit, non-seulement dans le cœur des peuples, mais elles ont aussi obscurci l'intelligence des souverains, qui, sous le prétexte d'impuissance contre ce qu'on est convenu d'appeler progrès, et qui n'est, en définitive, que dépravation et décadence, s'abandonnent eux-mêmes, et, s'isolant dans leur égoïsme, laissent crouler autour d'eux les trônes, sans songer que pareille catastrophe menace celui qu'ils occupent.

Mais revenons ! certainement la Restauration des princes légitimes arrivait avec toutes les conditions qui devaient assurer sa durée. La France, fatiguée des sacrifices immenses imposés par l'ambition d'un seul homme, occupée militairement par toutes les armées de l'Europe, se voyait à la veille d'expier quinze années de victoires et de conquêtes par le partage de son territoire, la ruine de ses finances, et toutes les vexations arbitraires, suites ordinaires de l'occupation. Tout à coup la nation se rappelle qu'il existe un successeur direct du Roi martyr; quelques voix fidèles s'élèvent en sa faveur dans le congrès des étrangers : tout se rallie, tout s'émeut à cet élan vraiment national, et les armes acérées de la conquête s'abaissent devant le dogme sacré de la légitimité. Certes, ce ne fut pas sans répugnance que plus d'un cabinet ennemi vit intervenir dans la querelle cette famille jadis proscrite, à laquelle la nation entière allait demander aide et secours, et qui se posait au milieu d'elle comme le palladium de son salut. Plus d'un ministre étranger avait rêvé le démembrement de nos provinces, et voilà que la France retrouvait dans l'enthousiasme de la fidélité une force nouvelle pour défendre sa nationalité. En effet, dès que Louis XVIII eut repris les rênes du gouvernement, toutes les ambitions reculèrent ; seul avec son bon droit, on le vit, abandonnant des conquêtes injustement acquises, relier le faisceau de nos anciennes provinces, obtenir la diminution des charges de guerre, rappeler du fond de la Sibérie nos soldats échappés à la mort pendant la funeste campagne de Russie, et préserver enfin nos monuments et nos trophées des dégradations, des insultes, suite trop commune de l'invasion des barbares. Telles furent, quoi qu'en aient pu dire ou écrire de mensongers contempteurs, les conséquences immédiates de la première Restauration ; il suffit d'avoir été témoin des transports d'allégresse qui éclatèrent dans Paris et dans toute la France à la rentrée du Roi, pour juger de la scandaleuse audace avec laquelle des orateurs et des écrivains de partis osent parler aujourd'hui de ces princes ramenés, disent-ils, dans les bagages de l'étranger. Certes, les étrangers se seraient bien passés d'un pareil bagage, et, s'il eût pu dépendre de beaucoup d'entre eux, jamais la Famille exilée ne serait venue cicatriser les plaies de la France.

Probablement on en trouverait une nouvelle preuve dans le retour de Buonaparte, qui, mal surveillé par les Puissances, nous amena cette fatale époque des Cent jours, incident le plus funeste de notre histoire contemporaine, en ce qu'elle remit en question ce que lui-même avait passé quinze années de sa vie à résoudre. Forcé de combattre l'Europe qu'il avait autrefois vaincue à armes courtoises, il appela cette fois à son aide toutes les mauvaises passions ; il démusela le tigre révolutionnaire, qui commença son œuvre par lui faire sentir ses griffes, et qui aurait fini par le déchirer s'il avait triomphé par lui. Waterloo lui épargna cette catastrophe en ne la faisant peser que sur la France ; mais c'en était fait pour jamais de cette union fraternelle, de cet assentiment général qui avait accueilli le roi légitime lors de sa première restauration : deux partis avaient grandi pendant l'interrègne, et l'étranger ramené par et pour son propre intérêt, ne songea cette fois qu'à profiter de nos discordes en y fournissant des prétextes.

Remarquons cependant encore ici l'influence attractive de la légitimité protectrice, puisque, malgré la ligue formée entre le parti républicain et les partisans de Buonaparte, malgré les intrigues de l'intérieur et les excitations de l'étranger, il reste encore dans les diverses fractions de la société assez d'intelligence de leurs intérêts particuliers pour en composer l'intérêt général, se réfugiant sous l'égide du souverain de droit, seul garant d'ordre et de stabilité.

Ce second retour des princes légitimes devait avoir pour résultat de remédier à nos maux, en reconstruisant sur ses anciennes bases cette société jadis si spirituellement indépendante, maintenant morcelée par les secousses de la terreur et des batailles : des trois ordres de l'Etat, un seul subsistait encore, formé péniblement des débris du Clergé de France rassemblé près des autels relevés par Napoléon ; mais ce corps recruté, après ses sanglantes pértes, parmi les classes inférieures, s'était peut-être trop préoccupé des obligations qu'il croyait avoir à celui dont la suprême protection lui avait été nécessaire, et des habitudes de flatterie pour un homme avaient pénétré jusque dans le sanctuaire, ou ne devaient se célébrer que le culte et les louanges de la divinité. Le monarque légitime chercha sans doute à relever l'esprit essentiellement religieux qui avait toujours distingué l'ancien Clergé de France ; mais il ne put obtenir que difficilement des familles distinguées des sujets capables de s'élever à la hauteur de ces importantes fonctions ; le corps de la noblesse n'existait plus ; les anciens noms de la monarchie s'étaient en partie éteints sur les échafauds et dans les combats ; quelques-uns de ceux qui les portaient étaient rentrés vieux et ruinés dans leurs provinces, et y retrouvaient cette fatale loi de la division indéfinie des héritages, qui, de concert avec les séquestres, les ventes fiscales, les impôts redoublés de paix et de guerre, leur laissait à peine de quoi élever leurs enfants : tel meunier, tel procureur, tel juif enrichi par les assignats, se pavanait fièrement dans le manoir antique, tandis qu'un Lusignan, un Montmorency habitait l'humble pavillon qu'avait occupé son concierge. Quant au tiers-état, formé autrefois de la haute bourgeoisie et de la magistrature des villes, il s'était fondu de même dans une nouvelle dénomination, et n'était plus qu'une multitude indéfinissable d'individus jetés çà et là dans la société par le volcan révolutionnaire, et qu'un écrivain de nos jours a qualifié de *classe moyenne*, par modestie, sans doute, puisqu'à son exemple elle envahit aujourdui toutes les avenues du Pouvoir [1].

Que pouvait le roi légitime avec de tels éléments ? Reconstruire était impossible, Buonaparte y avait échoué ; nous avons dit que son ambition,

[1] En 1846 et 1847.

surtout son illégitimité, y avait opposé trop d'obstacles. Louis XVIII ne se trouvait pas dans de meilleures conditions, par son âge et son caractère ; homme d'esprit et d'érudition, élevé près du trône où il n'avait pas cru monter, ce prince avait contracté de bonne heure des habitudes d'opposition philosophique, puisées à l'école anglaise, qu'il était d'usage d'admirer dans son temps ; elles lui avaient procuré, au commencement de la Révolution, un certain vernis de popularité qui l'avait séduit, et son séjour en Angleterre n'avait eu pour résultat que de corroborer son désir d'acclimater parmi nous ses utopies d'autrefois : il revint donc armé d'une Charte à l'anglaise, dans la rédaction de laquelle il se plut à faire briller ses talents d'écrivain et ses idées de législateur. Malheureusement, il oubliait que les principales bases de la constitution anglaise manquaient, et que, dénué des aristocraties qui soutiennent le trône, le sien porterait sur le vide, et croulerait au premier échec ; il consacrait dans sa Charte le principe de l'égalité et de l'élection, sans réfléchir que ce principe finirait par être appliqué à la couronne, comme il l'avait été au temps des Leudes, avec cette différence qu'au lieu d'être circonscrit entre les grands détenteurs de fiefs, il s'étendrait à l'infini ; son âge et ses infirmités lui faisaient trouver commodes ces institutions constitutionnelles qui lui permettraient de se décharger de toute responsabilité sur des ministres seuls responsables, tandis qu'il lui restait, pour les quelques années de sa vieillesse, tout l'éclat et tous les agréments de la royauté. Cette combinaison d'égoïsme eût peut-être eu moins d'inconvénients si la première Restauration n'eût pas été interrompue par l'éruption du volcan révolutionnaire ; mais elle devenait insuffisante à contenir le débordement de la lave des passions soulevées en 1814. Louis ne s'en aperçut pas, ou ne voulut pas s'en apercevoir ; il crut tout gagner en gagnant du temps, et cette inertie ne fut que trop encouragée par un de ces hommes cauteleux et flatteurs que les souverains trouvent fréquemment sur les marches du trône, et qui lui garantit la tranquillité de son règne, en employant surtout sa maxime favorite : DIVISER POUR RÉGNER. Cette espèce de rouerie ministérielle, ce jeu honteux de bascule, n'a jamais pu convenir à la France, et lui convenait encore moins au sortir du règne de Buona-

parte, habitué à tenir le sceptre aussi fièrement
que son épée. Sans exiger après tant de guerres
que son monarque fût un *Franconi*, la France
avait besoin d'un gouvernement ferme et prononcé, qui ne fournît aucun prétexte aux insinuations
perfides, aux accusations de favoritisme et de
tromperies, dont ne se firent bientôt pas faute les
ennemis du roi et de son ministre ; et lorsque ce
dernier tomba repoussé par tous les partis à l'occasion du meurtre du malheureux duc de Berry,
il transmit encore quelque peu de ses funestes
inspirations aux hommes d'État appelés à lui
succéder.

Ainsi commença à s'altérer la confiance des
amis même les plus sincères de la monarchie ; le
Français, humilié déjà par deux invasions successives, avait cru se rallier du moins sous le drapeau pur et sans tache de son antique nationalité ;
mais ne le voyant plus briller sur les hauteurs,
s'apercevant, malgré lui, que ses élans d'enthousiasme ne menaient qu'à la disgrâce, tandis que
les instincts de vénalité et de corruption conduisaient aux grâces et à la faveur, le Français, dis-je,
se sépara d'un gouvernement systématiquement
calculateur, et bientôt, autour du trône, il ne

resta plus que d'obscurs ambitieux, des individus égoïstes, peu propres à se sacrifier pour le défendre quand l'heure du danger sonnerait.

Louis avait bien calculé que sa vie s'éteindrait avant cette crise, et, en effet, elle n'était pas encore imminente à l'avénement de son successeur. Celui-ci, vrai chevalier, en avait tenu le langage quand, à son premier retour, il disait *qu'il n'y avait rien de changé en France, si ce n'est qu'il s'y trouvait un Français de plus.* Peut-être, si son règne eût commencé alors, eût-il évité les fautes, surtout les oscillations qui ont contribué à la catastrophe de 1830 ; mais il voulut surtout continuer l'œuvre de son frère, et suivant avec opiniâtreté ces voies constitutionnelles qui le conduisaient à l'abîme, il ne s'arrêta, dans l'article 14 de la Charte, que lorsqu'il était trop tard et que tout croulait autour de lui.

Ce qu'il faut remarquer ici, c'est que généralement les usurpations féodales ou populaires n'ont été tentées et n'ont réussi que sous les meilleurs et les plus débonnaires des princes. Ainsi Louis XI, une fois affermi sur son trône, ne trouva plus personne qui osàt l'ébranler ; Louis XIII et son ministre soumettaient La Rochelle et faisaient trembler les rebelles Protestants ; Louis XIV n'eut qu'à se montrer au Parlement pour éteindre la Fronde, et Napoléon lui-même, tout illégitime qu'il fût, n'en triompha pas moins au 18 brumaire des Jacobins et du Directoire : tandis que nous voyons l'infortuné Charles VI devenir l'esclave de l'Anglais et du Bourguignon, le faible Henri III tomber victime du fanatisme des Ligueurs, Louis XVI, le martyr, s'élancer de l'échafaud vers le ciel sur l'ordre des bourreaux de la Convention; Charles X enfin, chassé avec toute sa race, expirant sur la terre étrangère, et privé de dormir son dernier sommeil au milieu de ses ancêtres, dans cet asile de la mort où la haine des vivants ne devrait poursuivre personne.

C'est ici que vient se placer la plus infâme des usurpations qui aient jamais souillé notre histoire. Un prince du sang royal, le plus rapproché du trône par sa naissance, compromis originairement par les crimes de son père, coupable par des fautes personnelles envers la France et sa famille, amnistié non-seulement, mais comblé de faveurs et de grâces par son souverain, ce prince, dis-je, porte pendant quinze ans le masque du dévoûment et de la reconnaissance pour arriver à tromper au dernier moment la confiance de son parent et de son maître, en se substituant audacieusement aux droits d'un faible enfant qu'il était appelé à protéger et à défendre. Charles X, chassé du trône par les Parisiens révoltés, abdique en partant et fait abdiquer son fils en nommant Louis-Philippe lieutenant-général et régent du royaume pendant la minorité de son petit-fils, et ce titre, qui eût dû suffire à son ambition, ce titre qui conciliait ses intérêts, son orgueil et le bien de la France, il le rejette pour recevoir la couronne des mains de la populace ameutée par Lafayette et des deux cent vingt-et-un conjurés ses disciples et ses collègues.

Depuis la seconde rentrée des Bourbons, le règne des deux frères n'avait été qu'une suite de complots de Jacobins unis aux Bonapartistes qui tous avaient échoué, mais dont Louis-Philippe profitait en se faisant sournoisement le protecteur des conspirateurs malheureux qui devenaient ses obligés. Quelques-uns même de ces complots furent essayés à son profit et dans ses propres domaines ; mais grâce à la complicité de certains hauts fonctionnaires qui entouraient le roi, aucun soupçon n'atteignit l'ambitieux : il fallut que la

catastrophe de 1830 vînt éclairer sur son compte
des princes qui ne pouvaient croire à tant d'astuce
et de perfidie. Les royalistes cependant avaient
suivi de l'œil sa marche ténébreuse, mais ils n'é-
taient ni en nombre ni en mesure dans les conseils
du roi pour que leurs avis fussent écoutés. Plusieurs d'entre eux, généraux, préfets ou sous-pré-
fets, s'étaient vus payer par la destitution de leurs
tentatives dénonciatrices. Sous Charles X les oscillations du cabinet, les changements de ministère
et de politique avaient encouragé l'opposition et
neutralisé la résistance, de manière qu'en juillet
Louis-Philippe n'eut qu'à se présenter pour re-
ceuillir le fruit de sa traîtreuse persévérance;
car le mélange de républicains, de bonapartistes et de frondeurs qui lui ouvrait le chemin
du trône, ne permettait à aucun de ces partis
de faire un choix plus analogue à ses vues se-
crètes.

Et maintenant si l'on demande à ce peuple
vainqueur en 1830, si caressé, si souverain alors,
ce qu'il a gagné à cette grande commotion politique, il répondra que déjà, lorsqu'il voulut deux
ans après exercer ce droit de souveraineté, il
recevait des balles de mousquet et des coups de

baïonnette , et qu'il ne lui reste aujourd'hui , de cette puissance momentanée, qu'un budget toujours croissant, des impôts ruineux, le renchérissement successif des denrées, les faillites du commerce, l'anéantissement de la confiance, la grève et les condamnations des ouvriers, les lois de septembre, celle des patentes et tant d'autres, sans compter la faveur de nos seigneurs les électeurs, et le plaisir , il est vrai , de saluer ces nouveaux maîtres , maîtres plus insolents cent fois que les anciens. Que si, d'un autre côté, vous interrogez ces fiers parvenus au pouvoir, ils vous diront que c'est un cruel tourment de voir toujours suspendu sur sa tête le glaive fatal qui menaçait le tyran de Syracuse , d'entendre gronder incessamment sous ses pieds les flots orageux qui vous ont poussé sur la rive : aussi ils s'y cramponnent avec fureur. Mais qui pourrait les rassurer, lorsque leur exemple a si bien prêché la révolte, et que le ciel de l'Europe est partout chargé de nuages, lorsque la fièvre des révolutions ravage actuellement l'Espagne [1], ce pays jadis si attaché à ses mœurs et

---

[1] Quand j'écrivais ceci, l'Allemagne, la Prusse, l'Italie étaient encore tranquilles et heureuses. Et maintenant !...

à ses croyances. Quel peuple aujourd'hui résiste à la séduction de notre prétendue indépendance? Quel souverain ne tremble pas sur son trône au moindre attouchement, au plus léger contact de nos prédicants d'irréligion et de liberté? Ah! s'ils savaient, ces peuples et ces rois, quel est véritablement aujourd'hui l'état de la France, certes les uns ne nous l'envieraient pas, les autres le représenteraient avec vérité comme le prélude du plus rude châtiment que le Ciel puisse envoyer à la terre. Pour justifier cette assertion, il suffira de jeter un coup-d'œil sur la société actuelle. telle que les révolutions nous l'ont faite; et cet examen, nous allons nous y livrer avec toute l'indépendance et la vérité résultant de notre position et de notre âge, qui nous laissent aussi exempt des anciens préjugés que juge impartial des idées nouvelles. Dans cette appréciation des partis qui divisent aujourd'hui la France, notre langage paraîtra peut-être un peu âpre pour cette époque de transaction soi-disant conciliatrice; mais celui qui le tient n'a jamais pu s'accoutumer à voiler sa pensée, et il le ferait d'autant moins dans cette occasion qu'il s'agit des grands intérêts de son pays.

Nous l'avons dit plus haut, des trois anciens ordres, fières colonnes de l'État, il ne reste plus aujourd'hui que des individus sans connexion, sans point de contact, sans solidarité, lesquels se forment accidentellement en partis souvent divisés eux-mêmes en petites coteries dont on pourrait à grand'peine constater l'analogie, le but et la volonté. Cependant on est convenu de les partager en trois dénominations principales[1], c'est-à-dire en *parti légitimiste*, fidèle aux anciennes traditions; en *parti dynastique*, ou de l'ordre de choses actuel; et en *parti républicain*, sorti comme le second de la Révolution de Juillet, mais dirigé vers d'autres conséquences que celles qu'elle a obtenues. De ces trois partis nous nous

---

[1] Remarquez qu'il s'agit ici de 1847. Tout a bien changé depuis cette époque. Au lieu des trois catégories que je trouvais alors, le 10 décembre 1848 en a fait surgir une quatrième à laquelle on ne s'attendait guère. Le Bonapartisme a reparu plus brillant, plus étincelant que jamais; plus de cinq millions de votes ont évoqué la grande ombre; mais comme on s'est obstiné à voir dans ce concert impromptu plutôt une négation qu'une affirmation, nous ne nous y arrêterons pas pour le moment, et nous attendrons que sa force et sa valeur se soient manifestées par des actes. Plût à Dieu que par compensation cet intrus nous eût débarrassés du parti Dynastique dont on remue encore les cendres si bien enfoncées sous les barricades de Février!

occuperons d'abord du premier, qui est le nôtre, qui seul à notre gré a de l'avenir, quoiqu'il soit enveloppé de sombres nuages.

Posons d'abord comme point incontestable que ce qui a, pendant huit siècles, élevé la France au degré de prospérité et de gloire où les révolutions l'ont prise, c'est-à-dire une succession continue de rois légitimes, a bien quelque droit à passer pour l'état normal du pays. Si l'essai malheureux, renouvelé depuis cinquante ans, d'autres systèmes de gouvernement a corroboré cette opinion, on nous accordera, j'espère, que les Français restés fidèles et dévoués à l'ancien ordre de choses modifié selon la marche des idées, peuvent se croire, après l'expérience, les véritables amis de leur patrie, et qu'enfin, aux époques de 1789 et de 1830, la grande majorité de la nation était monarchique et légitimiste. Sans doute il existait à ces deux époques des abus à corriger, des modifications à apporter aux usages qui ne s'accordaient plus avec la marche des idées ; mais cette majorité ne voulait pas que, pour porter remède à ces disparates, on risquât de faire table rase, et de substituer des ruines au magnifique édifice qui n'appelait que des réparations. Il est donc juste d'établir ici que l'opinion monarchique et légitimiste n'est pas seulement l'attribut d'un parti, mais bien l'expression vraie des sentiments de la nation, sentiments que l'on a bien pu fausser quelquefois, mais auxquels on revient toujours par l'expérience et la réflexion. Eh ! qu'est-ce, en effet, que l'opinion légitimiste, si ce n'est le sentiment intime du juste et de l'injuste imprimé par Dieu lui-même dans le cœur de tous les hommes honnêtes? Que signifie le mot de *légitimité* dans tous les langages, si ce n'est l'obéissance aux lois immuables de la paternité, première origine de la royauté sur la terre? Quoi que l'on en dise, il faut bien que ce mot ait encore une grande et sérieuse influence puisque les pouvoirs révolutionnaires, après en avoir fait long-temps un terme de mépris, cherchent aujourd'hui à le confisquer à leur profit, et que dernièrement un de leurs coryphées s'écriait prétentieusement à la tribune législative : « Votre légitimité finit, la nôtre commence. » Malheureux rhéteur, ignorez-vous qu'une légitimité ne finit que quand la mort a prononcé contre elle ? tout le reste, ainsi que nous l'avons dit plus haut, tout le reste est usurpation plus ou moins heureuse, plus ou moins consacrée par le temps, et le temps menace d'ensevelir vous et la vôtre sous les laves révolutionnaires dont vous avez provoqué l'éruption [1].

Malheureusement cette nation légitimiste se ressent de la lassitude qu'a jetée dans toutes les âmes cette succession périodique de commotions politiques. Les grandes familles, réduites en nombre par la mort, en fortune par la loi de division des propriétés, n'exercent presque plus d'influence dans ce sol morcelé et partagé entre les enrichis de nouvelle date. Les légitimistes se sont donc bornés jusqu'à présent à protester par leur isolement contre les choses nouvelles : quelquefois, comme naguère à Londres, ils se permettent une démonstration plus énergique qui témoigne de leur inébranlable fidélité. Mais ils ont pris pour devise : « Tout pour la France et par la France; » ils attendront donc avec elle le retour à de meilleures destinées.

Que dire de ce parti appelé Dynastique, Conservateur, ou Juste-milieu, parti soi-disant monarchique, enté sur une révolte des rues, formé accidentellement à son origine d'éléments hétérogènes que chaque jour tend à dissoudre, et qui ne se

[1] Prophétie !

soutient réellement que grâce à l'inimitié mutuelle des deux autres? On conçoit facilement qu'il se dise conservateur, car il tient à conserver ses places et ses traitements, et qu'il abjure le plus possible tout souvenir de son origine, en prenant sournoisement les allures de la monarchie, qu'il transforme souvent en velléités de despotisme. Malheureusement pour lui cette marche, telle ténébreuse qu'elle soit, se manifeste aux yeux de tous et blesse à la fois légitimistes et républicains, en sacrifiant au dehors les intérêts et l'honneur de la France, en s'attaquant au dedans aux libertés privées et publiques : donc, à l'exception de cette nuée de fonctionnaires salariés, et de ce troupeau moutonnier suivant toujours le pouvoir, tremblant au seul nom de changement, le parti conservateur ne conserve que le budget qu'il dévore; mais comme il y a encore plus d'appétits à satisfaire que d'appétits satisfaits, sa véritable force consiste dans les baïonnettes qu'il solde, et dans ces forteresses qu'il fait construire, surtout dans on aplatissement envers l'étranger dont il mendie partout la protection et l'appui : mais qui ne sait après notre expérience combien cette force factice est précaire, surtout dans un pays où les ressources pécuniaires engagées, le crédit épuisé, ne présentent pour l'avenir que confusion et désordre? A Dieu ne plaise pourtant que les choses en arrivent à ce point ! d'autres chances peuvent naître de la conciliation des deux partis extrêmes, dont le dernier nous reste à apprécier dans sa composition et sa force.

Je ne pense pas qu'il y ait encore en France de ces fougueux républicains de 93, égorgeurs de rois, de nobles et de prêtres[1]. Cette démagogie effrénée est passée de mode, ou plutôt elle ne convient plus à nos mœurs amollies dans les masses par les jouissances du luxe et de la civilisation. Mais si l'école des Marat et des Danton est fermée, celle des Sieyès et des Mirabeau se recrute tous les jours, et sous de dignes professeurs. Il n'y a guère d'écoliers sortant des bancs universitaires qui n'aspirent à la renommée des fils de Cornélie, et ne se posent en défenseurs des droits du peuple : que si vous leur demandez si donc les peuples n'ont que des droits et point de devoirs , et enfin quels sont ces droits qu'ils prétendent leur conquérir? ils

---

[1] Je me trompais, et les assassins de Bréa et de l'Archevêque de Paris m'ont prouvé que les révolutionnaires sont et seront toujours les mêmes.

vous répondront que le premier est d'avoir un gouvernement représentatif et constitutionnel ; et si vous insistez pour savoir ce qu'ils entendent par constitution et gouvernement représentatif, oh ! alors la réponse tiendra du langage qu'on parlait à la tour de Babel ; chacun étalera son utopie : l'un voudra un roi et deux chambres, l'autre une chambre et un président ; celui-ci voudra des élections par catégories, celui-là les exigera par masses ; et si vous objectez que tous ces essais ont été faits depuis cinquante ans, et qu'ils n'ont guère réussi, tandis que l'ancienne constitution monarchique a duré plusieurs siècles, ils vous diront que c'est pour cela qu'il faut du nouveau. Et en effet le nouveau seul peut satisfaire une société usée et blasée comme la nôtre. Mais du moins que nos jeunes novateurs nous permettent de penser que le véritable droit du peuple est d'être gouverné paternellement et au meilleur marché possible ; que les droits des individus sont d'être protégés dans leur vie, dans leurs biens et dans leur liberté par le chef de l'État, qu'il s'appelle roi, empereur ou président, pourvu qu'il soit héréditaire et légitime ; car avec l'élection et l'illégitimité naissent les querelles, les discussions, les guerres civiles, et par cela même la ruine des intérêts généraux et privés. Il est vrai que de cette manière de voir il résulterait que cette souveraineté du peuple, si souvent invoquée de nos jours par gens habiles à l'exploiter, n'est qu'un mot vide de sens, en ce que le terme de souveraineté implique une unité de volonté, une unité d'exécution qui ne peut exister dans une multitude d'individus séparés physiquement de distance, moralement d'intérêts et d'opinions, et par cela même incapables de l'exercer même par délégation ; c'est ce qu'ont assez prouvé depuis longtemps les changements apportés dans les Constitutions révolutionnaires : chacun de ces changements opérés par une convulsion populaire ou soldatesque[1] n'a-t-il pas passé, après sa réussite, pour l'expression véritable de la volonté générale, assertion bientôt démentie par une nouvelle commotion tout aussi véritablement nationale que la première ? Il est donc exact de prétendre que nul n'a le droit de se poser comme l'interprète et le défenseur de la volonté d'une nation, surtout lorsque cette nation individualisée est partagée en fractions si minimes, que chaque matin les orga-

---

[1] Le 18 Brumaire.

nes que la liberté de la presse lui a laissés témoignent, par la divergence de leurs prétentions et de leur langage, de la profonde division qui sépare les intérêts et les sentiments.

Si nous pénétrons maintenant dans l'intérieur de ce parti démocratico-dynastique, qu'y trouverons-nous pour chef? Quelques honnêtes rêveurs sans doute, dupes des promesses de Juillet, et rougissant de leur folle confiance, mais de plus nombreux ambitieux de tous étages, avocats furibonds, écrivailleurs de pamphlets et de journaux, tous envieux d'un pouvoir qui leur échappe, et qu'ils ont tout aussi bien gagné que ceux qui le possèdent : ceux-là sont suivis dans leur carrière expectante et frondeuse par la tourbe imbécille des badauds et des gobe-mouches, lecteurs assidus des journaux du parti, persuadés que la république doit ouvrir devant eux une ère de prospérité et de libertés indéfinies, pendant laquelle il n'y aura plus ni nobles, ni prêtres, ni même gros financiers, et qu'aucune de nos expériences précédentes n'a pu désillusionner sur ce chapitre[1].

---

[1] Je n'avais pas deviné le socialisme, qui va encore plus loin que tout cela.

Ce parti, il faut en convenir, le plus nombreux, le plus actif, serait partant le plus dangereux, si sa composition et son nombre même n'offraient pas au pouvoir un moyen d'en neutraliser les efforts en employant adroitement l'arme de la corruption. De fréquentes défections ont prouvé au gouvernement que cette austérité de principes était souvent prompte à se démentir, et qu'il était des accommodements avec cette inabordable conscience ; aussi quelque redoutable qu'il paraisse, ce parti inspire-t-il moins de crainte que celui des Légitimistes, dont la phalange serrée n'a laissé jusqu'à présent que peu de prise à la séduction ou la menace. Il y aurait bien quelqu'espoir que cette attitude digne et honorable, qui concilie aux Légitimistes l'estime des honnêtes gens, pût ramener à leur principe une portion de ces incorrigibles dupes du bavardage et des exagérations révolutionnaires, si malheureusement le grand mobile de toutes les actions d'aujourd'hui, c'est-à-dire l'amour de l'argent (*auri fames*), n'avait pénétré dans toutes les classes de manière à y éteindre tout autre sentiment. Dans notre société actuelle, dignités, honneurs, places, commerce, littérature, tout enfin aboutit à un seul but, l'argent ! et toujours l'argent ! — Plus de famille, plus d'amis, plus de liaisons intimes; des compagnies, des commandites, des spéculations sur tout et pour tout, voilà où se résout la vie sociale; et la Bourse est le centre qui rassemble à présent amis et ennemis sous un joug commun, celui de la hausse ou de la baisse. Quel remède appliquer à un mal dont on est fier? comment arrêter une contagion que tout le monde recherche au lieu de la fuir, parce qu'elle a pour résultat d'enrichir ceux qui en sont le plus infectés? Il est convenu que c'est dans la boue que se trouve l'or, et chacun s'y plonge plus ou moins pour en ramasser. Tel est le type actuel du siècle, et pourtant il prétend à la qualification de siècle des lumières et du progrès!

Résumons-nous et concluons! Le changement de dynastie des deux premières races fut sans doute une usurpation, mais ni l'un ni l'autre de ces changements n'attaquait les fondements de la monarchie. Ils déplaçaient les chapiteaux des colonnes, mais la base restait intacte; aussi les peuples s'apercevaient peu de ces crises qui se passaient loin de leur horizon. Il ne pouvait en être de même sous la troisième race, parce que les po-

pulations plus rapprochées des sommités du pouvoir, intervenaient souvent dans ces conflits ambitieux, et se trouvaient en conséquence plus ou
moins mêlées aux catastrophes qui en résultaient.
Cependant, ainsi que nous l'avons dit plus haut,
l'orage une fois dissipé, tout reprenait à peu près
son équilibre, parce que chacun des intéressés
trouvait son compte à le voir se rétablir.

L'usurpation populaire des Etats de 89 amena
des résultats bien autrement désastreux. Après
avoir sapé toutes les bases de la monarchie, elle
se vit contrainte à l'abandonner en proie aux
passions populacières, qui bientôt renversèrent
l'édifice, firent table rase de toutes nos antiques
institutions ; mais, propres seulement à détruire,
elles reculèrent devant la reconstruction ; c'est
à cette œuvre que s'appliquent vainement depuis cinquante ans tant d'ouvriers non moins
orgueilleux qu'impuissants. Buonaparte avait
cru un moment à sa réussite, mais ses éclatan-
tes victoires n'eurent que l'effet d'un brillant
météore, qui nous replongea, en s'éteignant
bientôt, dans une plus profonde obscurité. La
Restauration, enfin, après bien des tâtonne-
ments, allait peut-être préparer un meilleur

avenir, lorsque le vent des révolutions est venu de nouveau enlever, avec notre antique dynastie, nos dernières espérances. Qu'attendrions-nous aujourd'hui d'un nouvel essai? Comment reconstruire quand il ne reste plus à employer que des matériaux détériorés et vermoulus; lorsqu'il n'existe plus pour les réunir de ciment religieux ni politique; lorsque l'égoïsme et l'indifférence sont partout, et le dévouement nulle part? Et à qui se dévouerait-on, en effet? serait-ce à ce système de gouvernement soi-disant représentatif qui ne représente rien, système bâtard qui n'est ni la monarchie ni la république? serait-ce à ce premier détenteur du pouvoir qu'il constitue, si révéré jadis lorsqu'il le tenait de Dieu et d'un contrat avec le pays, consacré par une possession de huit siècles? serait-ce à ces vieux débris de toutes nos révolutions, organisés en représentants d'une aristocratie qui n'existe pas, lesquels sont, en effet, Pairs, mais pairs de tout le monde? serait-ce encore à cette autre portion de la trilogie gouvernementale, désignée comme Chambre des Députés? députés par qui? le plus souvent par une cinquantaine d'individus rassemblés à grand'peine, et votant sous l'appât d'un bureau de tabac ou d'une bourse de collége. De bonne foi, cela ferait rire si cela ne faisait pas pleurer !

Il reste donc, comme seul but de dévouement des Français dignes de ce nom, la Patrie ! Oui, la patrie, quelque ingrate qu'elle se soit montrée et qu'elle se montre pour ses vrais amis, pour ses fidèles serviteurs, peut-être s'éclairera-t-elle un jour sur ses intérêts, quoique cet espoir paraisse peu fondé, à en juger par le nombre de ceux qui ont tout à gagner à lui fermer les yeux. La génération nouvelle peut se flatter de voir de meilleurs temps, mais, pour nous autres vieillards, nous jugeons sur le passé, et voilà pourquoi nous détestons le présent et nous redoutons l'avenir. Nous pensons que ce n'est pas avec un gouvernement sans principes, des professeurs philosophes, des magistrats dépendants, une fabrique de lois variables comme les modes, une littérature à la journée ou à la foire, avec une jeunesse uniquement occupée des jeux de la Bourse ou du cigare, qu'on peut reconstruire la société française, cette société jadis éminemment brave, religieuse, spirituelle, qui donnait le ton à l'Europe, et dont les membres, recherchés, choyés partout pour leur urbanité et leur goût, trouvaient dans tous les pays des admirateurs et des copistes ; cette société, enfin, à laquelle tous ces avantages ont été enlevés par près de soixante ans de malheurs privés et publics, et qui pourtant en offre encore quelques traces dans les hautes classes des provinces les plus éloignées d'une capitale ou règnent impudemment l'irréligion, l'immoralité et l'égoïsme. C'est là qu'au milieu de cette jeunesse à peine échappée aux écoles, forte peut-être en chimie et en algèbre, mais nécessairement très-ignorante dans la connaissance des hommes, et même de l'histoire qu'elle n'a guère étudiée que dans tels et tels historiens avides de succès de tribune où domine une redondante avocasserie ; c'est là, dis-je, que se recrutent les hauts employés de l'administration, de la magistrature et de la diplomatie ; aussi ne voit-on plus dans les cours étrangères et dans nos provinces que des lions du club jockey ou des perroquets du journalisme. N'est-ce pas là de quoi faire oublier les Torcy, les Davaux, les Richelieu et les Colbert ?

 Que si l'on me disait maintenant : Censeur amer, prophète de malheurs, quel terme et quel remède assignez-vous à cet état de choses que vous représentez comme si funeste ? je répondrais qu'à Dieu seul appartient le pouvoir d'épurer une atmosphère empestée, d'amener la chute ou le salut des empires. Je dirais qu'il a déjà, par des châtiments assez marqués, averti les peuples qu'ils étaient sortis de ses voies : car ne serait-ce rien à vos yeux que la terreur, les échafauds, la banqueroute, l'invasion, le choléra, et la profonde corruption qui nous enserre ? Je dirais qu'il a souvent parlé par l'intermédiaire de ses prêtres, et que si la voix de ses lévites se ressent un peu trop peut-être de la molle apathie du siècle, si elle a perdu cette sainte énergie de parole qui terrifiait Athalie et faisait fléchir Théodose, il reste encore à la Providence céleste assez de moyens de renouveler aux peuples et aux grands de la terre les sévères leçons dont ils n'ont pas su profiter. Je dirais, enfin, que si la France se débat depuis soixante ans contre cette nécessité de mort qui pèse sur les empires comme sur les hommes, à l'exception que leur agonie est plus longue, il dépend encore de Dieu de lui rendre une nouvelle existence; car si la loi des hommes a stupidement interdit l'espérance, la loi de Dieu, au contraire, l'a prescrite. Nous tous qui souffrons, laissons donc agir la Providence, secondons-la seulement de nos vœux dans cette querelle ouverte entre l'Enfer et le Ciel ; et n'oublions pas qu'il est écrit dans le livre sacré : *Non prævalebunt portæ Inferi !*

www.ingramcontent.com/pod-product-compliance
Ingram Content Group UK Ltd.
Pitfield, Milton Keynes, MK11 3LW, UK
UKHW022345070726
13614UKWH00003B/1151